大家小小书
篆刻 程方平

中国历史小丛书

主　　编	吴　晗			
编　　委	丁名楠	尹　达	白寿彝	巩绍英
	刘桂五	任继愈	关　锋	吴廷璆
	吴晓铃	余冠英	何兹全	何家槐
	何干之	汪　篯	周一良	邱汉生
	金灿然	邵循正	季镇淮	陈乐素
	陈哲文	张恒寿	侯仁之	郑天挺
	胡朝芝	姚家积	马少波	翁独健
	柴德赓	梁以俅	傅乐焕	滕净东
	潘絜兹	戴　逸		

新编历史小丛书

主　　编	戴　逸			
副 主 编	唐晓峰	王子今	黄爱平	
总 策 划	高立志	吕克农		
编　　委	李洪波	李鹏飞	沈睿文	陈建洪
	杨宝玉	徐　刚	聂保平	郭京宁
统　　筹	王铁英			

新编历史小丛书

宋太祖

李亚平 著

北京出版集团
北京人民出版社

目　　录

一、陈桥兵变，黄袍加身············ 006

二、卧榻之侧，岂容他人酣睡······ 020

三、大宋的格局·························· 032

四、杯酒释兵权·························· 046

五、宋代的制度设计··················· 062

六、"郁郁乎文哉"的宋帝国······ 082

参考书目································· 098

赵匡胤，祖籍涿州，就是今天的河北保定的涿州市。公元927年他出生在河南洛阳夹马营。还有一个说法，认为夹马营应该叫甲马营才对。按照后一种说法，则很有可能是军队的一个后勤基地，和他出身武将家世有些相符。据说，他出生时身带异香，三日不散，因此，乳名叫"香孩儿"。

年轻时的赵匡胤曾经相当困窘，原因是他父亲本来是后唐庄宗皇帝李存勋的战将,后来屡遭变故,家道中落,家境变得十分艰难。

公元947年,赵匡胤21岁。史书说他"容貌雄伟,器度豁如"。学习骑射武功,常常出类拔萃。有一次,他飞身跃上一匹没上笼头的烈马,马狂奔,逸上城墙斜道,将他从门框顶上迎头撞将下来,人皆以为那脑袋必定撞得粉碎。片刻,只见他徐徐起立,腾身跃上马背,复驰骋如电。人皆异之。

就在那一年,他离开越来越窘迫的家,开始风风火火闯荡九州。随后两年的江湖生涯,令他饱尝人间冷暖,遍历世态炎凉,吃了不少苦头。当时,他父亲过去的一些好朋友已经相当有权势,赵匡胤去投奔时,无一不是遭遇白眼冷遇。其中最好的一位算是凤阳节度使王彦超，给了他几贯钱，大约相当于现在的千八百元，把他打发了。这位未来的赵家天子极为困窘，最惨的时候，曾经靠在街边设赌局来维持生计。因此，我们千万不可小瞧今天在马路边上，时常可以看到的那些用扑克牌与象棋残局引人上钩的此类人士。

公元949年下半年，赵匡胤流浪到了汉水边上的重镇襄阳，没有钱住店，栖身在一座寺庙里。寺庙的住持年近百岁，饱经沧桑，阅人无数，练就了一双火眼金睛。他一看赵匡胤，风尘满面，难掩英挺之气；破衣一身，全无寒酸之态，就知道这个年轻人必非池中之物。于是，老和尚与他谈古论今，点拨他说：汉水以南社会稳定，水至清则无鱼；北方却兵荒马乱征战不休，乱世出英雄。少年英雄奈何南下，却不北上建功立业？赵匡胤一听，醍醐灌顶，豁然开朗。他也不客气，拿了老和尚赠送的一大笔重金厚礼，骑上寺庙里唯一的一匹毛驴，拜别老和尚，雄赳赳地就奔北方去了。

公元950年，赵匡胤来到河北邺都，投军在后汉枢密使郭威手下，当了一名普通士兵。赵匡胤魁梧雄健，有一身上好的骑射武功，读过不少书，偏偏打仗还不怕死。当兵第二年，郭威发动武装政变，三下五除二把后汉收拾成了后周，做了后周皇帝。赵匡胤作战不含糊，因军功被提拔为禁军东西班行首，大约相当于警卫队队长的样子。

公元954年,后周太祖郭威病死。他没有儿子,由养子柴荣继位,史称周世宗。这位周世宗柴荣在历史上口碑不错,赵匡胤当兵后一直跟着他干,此时成为他的亲信,被调到中央禁军中任职。

一、陈桥兵变，黄袍加身

北汉趁后周太祖刚死，发兵攻打后周。赵匡胤随周世宗柴荣出兵迎敌。两军在高平，即今天山西晋城东北部发生激战。这场战役对赵匡胤影响巨大。当时，北汉军队占据上风，后周的两员大将见势不好，临阵脱逃，结果整个部队阵脚大乱，极为危急。赵匡胤临危不乱，高喊"主危臣死，拼死尽忠的时候到啦！"，带领所部骑兵直冲敌阵。北汉军队经受不住这种不要命的打法，一败而不可收拾。逃跑的后果，常常是兵败如山倒，后周军居然扭转败局取得大胜。

战后，赵匡胤被世宗柴荣破格提拔为殿前都虞侯，大约相当于皇家直属部队的第三把手，一下子成了高级将领。这还不算，柴荣还委托他整顿军队，组建殿前司诸军。据说，赵匡胤平日为人重朋友、讲义气，慷慨大方，有酒大家喝，有肉大家吃，有钱大家花，结交了一大批朋友。不管怎样，现在，利用主持军队整顿的机会，他将许多可以交心的部下安排到掌实权的重要岗位上担任领导职务，又与10位中高级将领结拜为著名的"义社十兄弟"，从而形成了后周军队中极大的潜在势力。

此后，从公元956年到958年，周世宗柴荣对南唐发动过3次进攻，赵匡胤身先士卒，敢打敢拼，而且有勇有谋，表现极佳。公元958年，在攻打南唐的寿春时，赵匡胤乘坐一个皮筏子突破护城河指挥登城，要不是一个叫张琼的亲兵舍身护主，那如雨的矢石可能早就把他射成刺猬或者砸成肉酱了。

经过这些战役，赵匡胤攻城略地大难不死，很快就被提拔为忠武军节度使兼殿前都指挥使，成了军队系统中最重要的几个将领之一。在此期间，赵匡胤本人也开始悄悄地发生着变化。他不光江湖义气豪迈依旧，还结交了一批文人雅士，并把一些这样的人收为心腹，如赵普、王仁赡等。后来，此二人分别成了大宋帝国的宰相和副宰相。而且，最重要的一个变化是，戎马之余，他还重拾书本，开始读书。这使周世宗柴荣很奇怪，问他："你不好好舞枪弄棒，怎么居然读起书来？"

须知，此时文人的地位相当卑微，正是武夫们横行天下的时代，没有什么人把读书人放在眼里。

当上皇帝以后，赵匡胤曾经万分感慨地说："天命这玩意儿，求之不得，拒之也不成。世宗是多么英明的一个人，见到方脸大耳的人就要干掉。可是我整天就在他身边，却安然无事。这就是天命呀。"事实上，赵匡胤取得周世宗柴荣的信任相当不容易，除了万死不辞、忠心耿耿地冲锋陷阵之外，他对人情世故烂熟于心的洞察力和随机应变的弹性能力，显然作用不小。

有一次，柴荣召赵匡胤喝酒。醉眼蒙眬中，柴荣盯着相貌堂堂的赵匡胤打量了半晌，突然说道："你这小子方面大耳，好一派帝王气象。说不定今后也有九五之尊呢。"赵匡胤一听这话，吓得汗流浃背，酒也醒了。他端起酒碗猛喝几大口，然后，看着皇帝柴荣的眼睛说道："臣不仅方面大耳，而且体壮如牛。这些都是属于陛下的，臣随时准备把这一切奉献给陛下。别说耳朵脸面，臣的心肝也很肥厚，皇上要是需要，任何时候只管命人来取就是，臣绝不会皱一下眉头。"一般说来，很少有人能够在这种表白面前毫不动容。而赵匡胤还没完,他相当动感情地继续演讲:"皇上所言,令臣如万箭穿心。臣方面大耳,乃父母所赐,皇上身登大宝,却是天命所归。臣不能违父母之命,只能生成这个样子,就像陛下不能违背天命而拒绝皇位一样。请陛下指点迷津,臣该如何是好?"据说,周世宗柴荣乃大笑,曰:"酒后戏言耳,何必当真?"

就赵匡胤而言,他不可能把这样的谈话看成是酒后戏言,他必须当真。甚至,即便说他以前还没有这样想过的话,这种谈话之后,也很有可能会撩拨起他的念头,使他真的开始往这个方面想。毕竟那句名言几乎是人人皆知:天子者,兵强马壮者为之,宁有种乎?尽管周世宗柴荣但凡活在世上,他就不能也不敢做这件事,但他是不是不敢想,就很难说了。实际情况是,他可能不但在想,而且还在悄悄地做。

公元959年春天,周世宗柴荣在进军契丹的路上,莫名其妙地捡到一块木头牌子,上面写着"点检作天子"的字样。点检是个职务名称,大约相当于皇家直属部队司令员。这个职位掌握的军队人数虽然不是最多,但是在几路大军中,装备最好,也最精锐,而且就在皇帝身边,地位极其重要。一般情况下,这个职位只能由皇帝最为心腹的人物担任。如今,看到这么一块东西,柴荣心里不由得七上八下。回军的路上,柴荣突然生病。于是,他立即下令将目前的点检撤职，换上他信得过的赵匡胤。就这样，赵匡胤变成了全国最重要的一支部队的一把手。

就好像真有天命似的，当年三月，当朝宰相王朴脑溢血突发死去。这是除了周世宗柴荣之外，赵匡胤最为畏惧的一个人。赵匡胤当上皇帝后，有一天到昔日的功臣阁去，看到了王朴的画像，他在画像前面肃立良久，然后整理衣冠，毕恭毕敬地向画像鞠躬。礼毕，他感慨万端地指着自己身上的龙袍对周围的人说："这位先生如果还活着的话，我是穿不上这件龙袍的。"

当年六月，赵匡胤敬畏的第二个，也是最后一个人周世宗柴荣病逝，年仅7岁的皇子柴宗训继位。一时间，人心惶惶。史书说:"时人咸谓天下无主。"就是说,当时的人们一下子没了主心骨,觉得偌大个国家突然一下子没有主子了。

随后半年,军队的中枢机关和中央禁军的各级将领陆续换成了赵匡胤的弟兄们。

公元960年大年初一,后周君臣正在庆贺新年,突然接到辽国与北汉联军入侵的紧急战报。小皇帝和宰相范质、王溥等当即命令赵匡胤率军前往御敌。立刻,京城里谣言四起,到处哄传"出军之日,当立点检为天子"。当年,太祖郭威就是借口"边防有警"而发动兵变,建立了后周政权的。如今的情形与当年几乎一模一样。不同的是,赵匡胤自己装作愤愤不平的样子,唠唠叨叨地说:"人们怎么能这么说我?我该怎么办?"

据说,他那和他长得很像的妹妹从厨房里冲出来,挥舞着擀面杖大吼一声:"大丈夫临大事要当机立断,别婆婆妈妈地说这些废话!"他妈妈杜太后,这位历史上有名的老太太也相当镇静:"我儿素有大志,该当如此。"

第二天,大军出发,走到距离汴京东北40里的陈桥驿驻扎下来。据说,当天夜里,赵匡胤一反常态喝得酩酊大醉,躲在自己的军帐中一夜没有露面,任凭弟弟赵光义、心腹谋士赵普与全军将领开了一晚上的会。

史书记载,大军离开汴京景爱门

来到陈桥驿后,就有一个号称会看天象的军校指着天上,愣说有两个太阳在天上打架,说是"一日克一日,乃天命"。这话立即传遍了全军。当晚,就有一帮中高级将领聚到赵普那儿议论纷纷。最后,话题终于落到要拥立赵匡胤当皇帝上。赵普听到这儿,假装正经地拍案而起,指着大家说:"赵匡胤对皇帝忠心耿耿,肯定饶不了你们这帮家伙。"

大家一听都愣住了。过了半晌,他们纷纷拔出刀剑说:"在军中谈论这个话题本来就是灭族的罪名。咱们今天说定了,有进无退,由不得赵匡胤不干。"赵普一看,大家的意见相当统一,没有问题了,于是就开始商量布置各种事项，分头行动起来。

第二天一大早，各军将领带着部下来到赵匡胤的门外，呼喊声惊天动地。赵光义和赵普两人走进赵匡胤的住处，将他搀扶出来，也不知道从哪儿弄了一件黄袍，披到赵匡胤身上，大家一齐跪倒在地，山呼万岁。谁知，赵匡胤却沉下脸，一本正经地对大家说："你们贪图富贵，立我为天子，我很感激。不过，没有规矩成不了方圆，你们如果接受我的条件，我可以做这个天子。不然，我不愿意当这个皇帝。"

大家一听，赶紧跪下说："请您尽管吩咐，我们唯命是从。"

赵匡胤说："小皇帝和太后今后还是主子，我们得好好对待他们，不能让人家觉得我们欺负孤儿寡母；朝中的公卿大臣是我过去携手并肩的同事，你们不能凌辱他们；如今的帝王一进城就烧杀抢掠，你们不能这么做。等到事情定下来，我自然会重赏大家。凡是烧杀抢掠的一概杀无赦！"

几万大军听了，一起磕头表示服从。于是，整军返回都城汴京。

这就是历史上著名的"陈桥兵变""黄袍加身"的故事。

当年，赵匡胤33岁，改国号为"宋"。原因是，在此之前，赵匡胤所领归德节度使的藩镇在宋州，也就是今天的河南商丘。这也可能是商丘后来被定为北宋帝国的南京应天府的原因。

从中可以看出，"赵匡胤们"的

准备极为充分,组织得相当严密。而赵匡胤本人也确实具有足够的威望,才使一次改朝换代几乎没怎么流血就完成了。当然,后来灭掉两支不听话的军事政治势力,则是另外的故事。

二、卧榻之侧，岂容他人酣睡

应该说赵匡胤说到做到，相当够意思。他将后周变成大宋之后，对后周的皇室始终实行优待政策，确实没有随意摧残。对于后周的一批大臣，他几乎没有变动，该做什么还做什么，就连宰相也都是原班人马继续做。而对于拥戴自己当了皇帝的那些有功之臣，他做的则可能是中国所有帝王中最厚道的，这就是"杯酒释兵权"的故事。

从历史记载上看，宋太祖赵匡胤

几乎是一个功臣都没有杀过。而且,还形成了一个祖宗家法,就是不许轻易诛杀大臣。史学界一个公认的看法是,有宋一代,是中国历史上最少荼毒大臣的朝代。

赵匡胤做了皇帝,仍然保留了不少当年风风火火闯九州时的习惯。比如,他经常喜欢轻车简从到过去的老朋友家里喝酒、聊天,甚至有时一个人溜溜达达地就去了。其中,去得最多的大约是宰相赵普家里。

赵匡胤做同州节度使时,赵普是他部下掌管刑狱的推官。如今赵匡胤做了皇帝,赵普也成了他的首席谋士。几年后,几位老宰相去职,他就顺理成章地成为帝国一人之下万人之上的宰相。

赵普的夫人烧得一手好菜，其中特别有滋味的是一款"炙肉"，可能就是一种烧烤着吃的肉，赵匡胤兄弟二人百吃不厌。赵匡胤管赵普的夫人叫"嫂嫂"，当了皇帝后，始终没有改口。每年都要有四五次驾临赵普家，而且一进门便叫"嫂嫂"做炙肉来解馋，相当亲切随和。中国民间流传了不少关于这一对君臣朋友的故事，总体来看，他们之间相处得不错，显得还算明朗、健康，阴谋诡计虽然还有，但与其他朝代的开国君臣比起来，少了许多肮脏、戾气和血腥味儿。

作为宰相，赵普为后人诟病之处不少，但总体上的评价也还不错。民间流传了不少此人的故事，颇为传神。

有一天，他写了个奏折向皇帝推荐一个人，赵匡胤不满意，没有任用。第二天，他又把那个奏折递上去，皇帝还是不用。第三天，他再一次上奏，皇帝大怒，把奏折撕碎扔到地上后，扬长而去。这时，只见赵普在群臣众目睽睽之下，面不改色地跪下来，慢慢把奏折碎片拾将起来。第四天早晨一上朝，只见赵普又把已经用糨糊粘贴好了的奏折呈递上去。这一下，太祖没脾气了。据说，当时太祖一声不响地批准了他的请求。又据说，他推荐的这个人很称职，后来成了名臣。

有一个立功者按规定应该升职，但是，赵匡胤一向不喜欢此人，于是摁在那儿就是不批准，还怒气冲冲地对赵普说:"我就是不给他升官儿,你能怎么样?"赵普一本正经地回答:"罚恶赏功,古来通理,不是陛下您一个人专有的,哪里可以凭个人的喜怒好恶来决定?"赵匡胤不听,站起来扬长而去。赵普便亦步亦趋地跟在后面。赵匡胤进到了后宫里面,赵普就恭恭敬敬地站在门外,一站就是很长时间。最后,赵匡胤派人传出话来,同意那个倒霉的家伙升迁。

　　正如我们所知道的,赵匡胤曾经有过一段相当潦倒的经历。宰相赵普在给他出过许多好主意的同时,也曾经撺掇他整治那些落魄时对他不好的人们,赵匡胤很反感地拒绝了。这段经历似乎没有在他的心理上留下特别负面的影响。因此，他当上皇帝以后，在他身上几乎找不到什么特别乖戾失常的举止行为。当年，他曾经投奔过自己父亲的老朋友董宗本，董宗本的儿子董遵诲经常欺负他，弄得他极为郁闷。赵匡胤做了皇帝后，那董遵诲正好是宋军中的一个中级军官，相当惶恐，只等一死。赵匡胤不但没有收拾他，反而费了不少心思，帮助他将失散多年的母亲从辽国接回来，送到他的防地。这厮感动得要死，从此下死力效忠赵匡胤，成为当时挺有名的一员边将。

有一次，赵匡胤在禁中后苑打麻雀玩，一个臣子声称有急事求见。赵匡胤立即接见。谁知，来人东拉西扯，讲的没有一件急务。皇帝不高兴了，责问他为何谎称急务求见？那人说："至少比陛下打麻雀急。"赵匡胤大怒，抄起那把著名的柱斧就打。结果，打掉了人家两颗牙齿。来人不声不响地将两颗牙齿捡起来，装进口袋。赵匡胤穷凶极恶地问："怎么着，你还想告我不成？"那位臣子回答："臣子我不能告陛下，但自然会有史官书之。"赵匡胤愣住了，随后，相当诚恳地道歉，并拿出不少金银珠宝来贿赂这位官员。瞧，皇帝居然有怕的东西，这就是中国人的福气。一般说来，大凡对白纸黑字还能够心存一点敬畏的人，就不大会坏得特别出格。对赵匡胤似乎至少可以作如是观。

这些故事很有一些江湖好汉的味道。读起来，常常会让人不由自主地想起有部电视剧里的那首《好汉歌》。合上书本,一个感觉挥之不去:怪不得这么多梁山好汉出在宋朝,原来他们的开国皇帝就是如此,甚至会让人错把赵匡胤当成他们中的一个。

赵匡胤当皇帝后,仍然是"该出手时就出手"。不同的是,此时他出手的对象,已经变成了五代十国中其他那些国的国君。比如后蜀国君孟昶,此君是中国历史上一位比较讲究生活品位的国君,据说他大小便用的马桶都是七彩宝石镶嵌的。一般说来,屁股如此尊贵的人,脑袋里装的就大体上是垃圾了。孟昶就是如此。孟昶任命了一个眉清目秀的家养小厮掌管大权,这小厮20岁出头,读了几本兵书后,自称要为诸葛孔明出口气，完成他老人家六出祁山没能完成的事业。结果，却在碰上赵匡胤比他少得多的军队后，仅仅66天就亡了国。赵匡胤见到孟昶那著名的马桶后，很奇怪地问出了同样著名的一句话："拉屎用这玩意儿，吃饭该用什么？"左右回答不出。于是，赵匡胤就亲手把那马桶砸了个粉碎。

都城在广州的南汉国君刘鋹，也属于很懂得生活的那一类中国人。小小的一个岭南王国，王宫里的宦官居然有7000多人，而且广州城里的宫殿多到了数不清的程度，里面装着各色各样的上万名美女。最受国君宠爱的则是一位来自波斯国的女子，名叫"媚猪"。这位美女"媚猪"有一个奇特的嗜好，她住的宫殿必须用一种产自五百尺深海底的珍珠装饰。为了满足这个高品位的爱好，南汉国民葬身海底者不计其数。据说，赵匡胤听说这位国君与"媚猪"的事迹后，当时连说"我要救这一方的百姓，我要救这一方的百姓"，随后，决定灭掉南汉。

这场战争进行得相当顺利，从公元970年九月到第二年正月，5个月时间就宣告结束。那位国君的结局极有戏剧性，他本来准备了几十艘大海船，停在珠江口，委托自己最信任的一个大宦官乐范负责把金银细软和"媚猪"等200个美女统统装上了船，预备着打不过时就走。结果，等到兵败如山倒，他真的跑到海边准备走时，才发现乐范已经带着全体海船走得无影无踪。据说国君知道这个消息时,根本就不信,随后几乎昏厥。最后,万分惆怅地投降了赵匡胤。

最能体现赵匡胤这位好汉英雄霸道性格的举动,就是对南唐的征伐。

南唐后主李煜是一位文学天才,为中国文学史留下了绝对辉煌的篇章。不过,作为一位政治领袖,他又是一位绝对低能、弱智,看不出任何政治智慧与才能的可怜虫。南唐政权曾经长时间在宋朝面前奴颜婢膝,以求苟延残喘。但是赵匡胤在准备完成后,还是毫不犹豫地发动了消灭南唐的战争。战争开始后,李煜派去使节质问赵匡胤:"南唐有什么罪过,要受到如此不公正的对待？"赵匡胤毫不掩饰地说出了那句直到今天还左右着许多中国人头脑的著名格言："卧榻之侧，岂容他人酣睡？"

这句话，一语道出了中国帝王政治文化传统最真实的内涵，那就是实力加暴力原则。从而，完成了赵匡胤这位江湖好汉成为帝王之后的性格塑造，也由此奠定了大宋帝国立国的基本国策。

三、大宋的格局

从时间上看，宋朝是中国历史上立国时间最长的帝国之一，其寿命为319年，在封建王朝中仅次于汉朝的400余年。从空间上看，在中原地区形成的所有大一统帝国中，大宋帝国是土地面积最小的一个。最大时，其国土面积大约只有唐朝的一半；到南宋时期更加可怜，甚至不到明朝的1/3或清朝的1/5。从经济文化的情况来看，大宋帝国堪称辉煌灿烂，其发达程度丝毫不亚于，或者说是超过了汉、唐、元、明、清最为鼎盛的时期，可能是中国古代经济文化发展的巅峰，甚至是当时世界经济文化最发达的国家。奇怪的是，它同时又是中国历史上所有大一统帝国中，最为"积贫积弱"的一个。国家财政上的窘迫如影随形地伴随着帝国的所有时期，军事力量在面对外部的挑战和凌辱时，很少能够找到令人骄傲的记录。这种看起来完全矛盾的状态，真实地存在着。其根源，都可以在开国皇帝赵匡胤的"卧榻"情结中寻找到答案。或者说，我们大约只能在赵匡胤的"卧榻"情结中，才能够找到答案。

客观地说，有一个重要的历史原因所形成的地缘因素，造成了大宋帝国相当大程度的先天不足。这就是燕云十六州的割让。

燕云十六州的割让,可能是晚唐以后,五代十国时期最重大的历史事件,它直接影响到了此后400年间中国历史的格局。

公元936年,后唐帝国的河东节度使石敬瑭起兵叛乱。他以割让长城以南的燕云十六州为代价,请求塞外的辽国施以援手。辽国的太宗皇帝耶律德光大喜,不惜御驾亲征,帮助石敬瑭打败了后唐军队。随后,辽国皇帝册封石敬瑭为中国皇帝,国号后晋。当时,时年47岁的石敬瑭为了表达自己感激涕零的心情,主动拜认比自己整整小了10岁、时年37岁的辽太宗耶律德光为"父",自称为"儿"。大约是不如此作为,心里就实在过意不去的意思,并立即将燕云十六州交割给了辽国。从而,完成了中国历史上让人最不好意思说出口的一桩交易,而且,还给"儿皇帝"这个词,找到了一个准确的定义与出处。在整个世界历史上,这大概是独此一份。

燕云十六州所辖的土地东西约600公里,南北约200公里,全部面积差不多为12万平方公里。它们是:幽州,今日之北京,当时称为燕京,又是辽帝国的南京;蓟州,今日之天津的蓟县;瀛州,今日河北的河间;莫州,今日河北任丘;涿州,今日河北涿州;檀州,今日北京密云;顺州,今日北京顺义;新州,今日河北涿鹿;妫州,今日河北怀来；儒州，今日北京延庆；武州，今日河北宣化；云州，今日山西大同；应州，今日山西应县；寰州，今日山西寰清；朔州，今日山西朔县；蔚州，今日河北蔚县。包括了今天北京、天津、河北西北部和山西大同周边的大部分土地。

翻开历史地图，我们就会发现，燕云十六州实际上囊括了当时大宋帝国东北部与北部地区最重要的险关要塞与天然屏障。这一地区的丧失，使本地区的长城及其要塞完全失去作用，致使整个中原地带门户大开，华北大平原全部裸露在北方游牧民族的铁蹄之下。重新划定的边防第一线，到当时的宋朝首都汴京，即今天的河南开封，800公里间,一马平川,没有任何一个关隘和险要之地可以阻挡骑兵大兵团的冲击。从此往后400年,中原地区完全失去了军事上的战略主动地位。

作为卓越的军事家、战略家,赵匡胤完全了解燕云十六州的重要地位。但是,出于现实的考虑,他相当理性地制定了先易后难、先南后北的战略规划。他必须先统一中原地区,然后才能积聚力量,考虑夺回燕云地区。

在赵匡胤登基之初,宋朝的总兵力不到20万人,以步兵为主;所辖人口97万户,大约400万人;财政状况不算太好,"帑藏空虚",难以支撑大规模军事行动。辽国人口也大约400万,军队总数为30万人,以骑兵为主。双方力量对比，显然是宋弱辽强。

为此，皇帝专门设立了一个机构叫"封桩库"，其职能就是在每年的财政收入中，划出一定比例的盈余存储起来，作为收复燕云的专项资金，由皇帝本人亲自掌握。赵匡胤的设想有两套，一是积蓄足够多的数量后，与辽国交涉，将这一地区赎买回来；如果不行，就散尽这笔钱，招募勇士，以武力夺回来。这段话，要是用文言讲出来的话，相当铿锵："朕将散滞财，募勇士，俾图攻取耳！"皇帝还打了这么一个算盘：辽兵数次侵扰边境，如果我用20匹绢的价格收购一名辽兵的脑袋，辽国精兵大约10万人，费我200万匹绢，就把他们消灭干净了。

到公元975年前后,宋朝已经基本统一了中国,所辖人口达到309万户,1000多万人,军队总数将近40万人。赵匡胤底气十足,跃跃欲试。可惜,英雄暮年。上天没有给他留出足够长的时间,使他49岁正值英年就死掉了。否则,以他的才略,收复燕云应该说不是完全没有可能。

他死后,他的弟弟赵光义继承了皇位,是为大宋帝国的第二任皇帝宋太宗。赵光义在位时,对辽国发动过两次大规模征战,都以全军覆没的惨败告终。其中有一次,太宗皇帝御驾亲征,在今天北京西直门外的高粱河一带,与辽军展开大会战。结果,大败。激战中,赵光义腿部受伤,坐在一辆驴车上狂奔，方才逃脱，保住了性命。史书上说，皇帝"仅以身免"。就是说，几万大军打没了，皇帝是一个人逃回来的。

"天子者，兵强马壮者为之，宁有种乎？"就这样，赵匡胤终于在念念不忘的"卧榻"之侧，留下了一只酣睡的怪兽。一个半世纪以后，他的一个轻佻子孙，漫不经心地捅醒了这只怪兽。结果，在它的咆哮声中，整个大宋帝国轰然倒地。当然，这已经是后话。

此时，变换一个角度观察，我们会发现，上面的讨论实际上仅仅说明了事情的一个侧面。如果回到赵匡胤的"卧榻"情结上去，我们就会看到，大宋帝国于开国之初，就整个被笼罩在这个情结的阴影之下。直接的证据是，在帝国最为重要的几项基本国策上，全部都能看到它的影子。这个情结不停地释放能量，终于演变成了帝国上述的矛盾状态，并使收复燕云变成了几乎没有可能实现的朝代夙愿。

事实上，"卧榻之侧，岂容他人酣睡"的情结，在中国历朝历代的帝王身上都根深蒂固地存在着。举凡每一次改朝换代的尸积如山、血流成河，举凡每一次皇家内部的骨肉相残，举凡每一次围绕权位的殊死搏斗，无不植根于这个情结。从它直到今天仍然影响着中国人社会生活的许多方面来看，它可能是构成中国政治、文化传统的一个基本元素或者遗传基因。因为，事实上，这个情结存在于每一个具有广义"政治"抱负的中国人心中。要证明这一点，事例极多。比如，在官场、职场、商场甚至任何地方，每当面对利益冲突的关键时刻，中国人对竞争对手甚至对合作伙伴便会表现得特别无情，必欲置别人于死地而后快，为此经常不留余地，不计后果。在我们今天的生活中和各种媒体上，此种情形大约称得上触目皆是。事实上，直到今天，中国人的许多行为，仍然基本上遵循着"自己活，不让别人活"的原则。"双赢"或"多赢"哲学并非中国人的思想成果与信条，作为近些年打开国门后的舶来品，许多证据表明，中国人可能至今尚未学会在这种状态中生存。原因并不复杂。因为，我们这个民族在对异己"斩草除根"

"斩尽杀绝"之类的理论与实践中,生活得实在太久了。追根溯源,至少在春秋战国时代"赵氏孤儿"的故事发生之前很久,我们就已经按照这样的信条在生活了。以至于到后来,我们已经很难将产生这种信条的土壤与这种信条本身区别开来了。因此,赵匡胤具有这样的情结一点都不奇怪。相反,假如他没有这种情结的话,那反倒是很令人诧异的事情了。

问题在于,赵匡胤的这个情结似乎特别强烈。其强度足以促使他为新生的帝国制定出一整套相当特别的政策,并为其做出了周密的制度安排。从而,造就出了一个不同于以往任何时代的大宋帝国。

从赵匡胤一生的经历考察，这种情形应该是由下列三个原因造成的：

1. 大唐帝国从辉煌到崩溃的惨痛教训。

2. 他自己亲身参与其中的五代十国凶猛搏杀。

3. 他本人取得这个"卧榻"的特殊方式。

应该说，这三方面的经验，已经足够令赵匡胤对任何染指"卧榻"的可能，保持高度的敏感与警觉了。我们知道，在迄今为止的中国历史上，这种敏感与警觉曾经导演出无数的人间惨剧。这些数不胜数的惨剧，让人拥有足够多的理由怀疑中国人本性善良的说法。而且，更加糟糕的是，对于这些惨剧，中国人整体上已经习以为常，他们不认为自己的国家为了一两个人的缘故而付出巨大代价有什么不对，他们不知道也想不出来，还有什么更好的办法可以避免这一切发生。

就是在这种背景之下，赵匡胤以他特殊的思维方式，使完全有可能发生的人间惨剧，变成了一出人间喜剧。这就是特别有名的、以杯酒释兵权为代表的一连串故事。

四、杯酒释兵权

当上皇帝以后,有一天赵匡胤与赵普聊天,谈到大唐晚期从黄巢之乱到眼下,不过七八十年的工夫,就出现了五代十国、八姓十四君的局面,天下百姓苦不堪言,君臣二人不胜感慨系之。赵普认为,领兵将领和地方各镇守节度使们权力过重是主要原因。

从历史上看当然如此。从眼下来说,赵匡胤不以为然,他认为:"我待这些人恩重如山,绝对不会有问题。"

赵普不客气地反问："后周皇帝柴荣待你也同样恩重如山，怎么就出了问题？万一他们的部下也把黄袍披到他们身上，怎么办？那时，他们想不反也不可能了。"

这番话，犹如当头棒喝，令赵匡胤大惊之后大彻大悟。

事实上，晚唐以来的历史，的确就是一部有奶便是娘、"兵骄而逐帅，帅强而叛上"的历史。当时流传甚广并为人们普遍接受的一句著名格言是：天子者，兵强马壮者为之，宁有种乎？这种情形很像我们熟知的，在此之前陈胜、吴广的"王侯将相宁有种乎"和在此之后现代京剧中胡传魁胡司令的"有枪便是草头王"。

于是,赵匡胤询问赵普应该怎么办,赵普回答,对于军队将领和地方藩镇节度使,要"稍夺其权,制其钱谷,收其精兵,则天下自安矣"。听到这里,赵匡胤立即打断赵普的话,说道:"你不必再说下去,我知道应该怎么办了。"

当时,他很有可能不愿意听到赵普说出让他杀功臣的话来,才截住了赵普的话头。不久,赵匡胤想出了杯酒释兵权的主意。

公元961年的阴历七月初九,晚朝后,赵匡胤设宴请那些手握重兵、拥立自己登上皇位的功臣们喝酒。等到酒喝得差不多时,赵匡胤命令所有侍从、仆役们一律回避。然后,他感叹着对大家说:"没有你们,我不会有今天。不过,我经常在心里想,人生在世,求的是快活适意,何必非得争这个皇帝做?皇帝这玩意儿实在难当,还不如以前做节度使时来得舒服。弄得我现在每天晚上都睡不着觉。"

大家一头雾水,都不知道说什么好。大家公认的首席功臣石守信小心翼翼地问道:"请皇帝您明示,怎么会这样呢?"

赵匡胤指指自己屁股底下的椅子:"这还不明白吗?谁不想坐这个位子?"

石守信一听大惊失色,我的老天,皇帝若是有所指的话,顷刻之间便会兴起血流成河的大雨!于是,石守信赶快带领大家一起离座跪下,说:"皇帝怎么会这样想呢？如今天命已定，谁敢有二心？若真有这样的逆臣贼子，臣愿意提三尺剑为陛下灭之。"

赵匡胤欣慰不已，却也推心置腹地说："我知道你们不会这样。无奈你们的部下之中，难保不会有人贪图富贵。一旦黄袍加身，你们不想做能行吗？"

连酒带吓，一时间，这些人已然泪流满面。石守信叩首说道："我们都是些粗人，思虑不到这些。请求陛下可怜可怜我们，指一条活路吧。"

于是，赵匡胤明明白白地对大家说："人生在世，就像白驹过隙那样短促。追求富贵，也不过是想多积点钱，舒心快乐，使子孙不受贫困而已。既然如此，你们为什么不交出兵权，到个富庶的地方去做官，多置些良田豪宅，自己享用也留给儿孙。再买些美女歌姬，快快乐乐地享受生活。我们君臣之间也就不用互相猜疑了，大家各得其所，和美安乐，多好。"

功臣们听完，纷纷叩头，说是皇帝为他们考虑得太周到了，就像再生父母一样。

第二天，这些功臣们纷纷交来辞呈，要求辞去兵权。赵匡胤也真的将他们安排到一些富裕的地方去做官，并且把自己的一个妹妹、三个女儿都嫁给了这些功臣。

在后来的世代里，颇有一些学者对于此举不以为然。理由是，赵匡胤在此倡导了一种醉生梦死、及时行乐的人生哲学，因此不足为训。这种义正词严的批评在当代大陆学界特别集中，显然表现出了一种特殊的理论、学术情操与人生境界。由于这个问题已经超出了我们关心的范畴，故在此不加以评论。

就这样，赵匡胤采用酷似梁山泊好汉们仗义疏财的方式，大块吃肉，大碗喝酒，大秤分金银，将以节度使为代表的武将们手中的大权一点一点地赎买了回来。从当时的情况看，这的确是一切可能的选择中最好的一种。

我们知道，大唐盛世是从安史之乱戛然而止，并从此走向衰落的。而安史之乱则是由拥兵自重的节度使酿成的大祸。根据历史记载，大唐宰相李林甫是一位具有极强行政能力的宰相，同时，他还特别善于迎合皇帝的心意。两者相结合，使他在宰相的位置上，一口气坐了19年。这位宰相对中国文化有一项"贡献"，就是他的为人处世使中国新增加了一个成语：口蜜腹剑。其为人由此可知。

李林甫为相19年，政绩平平，他推行的一项政策却产生了极可怕的后果。他给李隆基出了一个主意，任用胡人担任各镇节度使，相当于今天的边疆大军区司令兼大行政区长官。他的理由是，这些胡人作战勇敢，没有野心。其实，潜台词是这些人没有汉文化根基，不会威胁到自己宰相的地位。李隆基居然稀里糊涂地同意了。于是，培养出了自己的掘墓人——大节度使安禄山。

安禄山是柳城（今辽宁朝阳）的混血胡人。此人是个体重300多斤的大胖子，外表痴憨，不学无术，实际却智商极高，洞明世事，人情练达，特别是对汉人的人情世故极为通达。据说，安禄山讲话高度机智幽默，而且，难以想象的是，这么一个300多斤的巨型胖子，跳起一种胡舞来直如疾风骤雨，舞姿刚健而且轻灵，韵味十足，观者无不为之震撼与倾倒。

他的安史之乱，基本是在李隆基充满艺术气质的关爱下实现的。其发展壮大的过程，很像眼下那些俗不可耐、挺好玩挺闹腾的电视剧情节。

早年，安禄山作战勇敢，被一位

著名将领收养为义子。后来，贪功冒进，打了败仗，按军法应该处死。宰相张九龄看了他的面相后，认为这小子面带逆相，胸怀狼子野心，主张趁早杀掉，以绝后患。李隆基却莫名其妙地饶了他一命。

公元743年正月，安禄山第一次朝见李隆基时，地方正在闹严重的虫灾。他对皇帝说，他曾经对上天发了一个重誓，如果自己对皇帝不忠，就让虫子吃掉自己的心肝。结果，他的心肝至今长得好好的，表明上天嘉许他的忠心。李隆基听后纵声大笑，很喜欢这个哄3岁小孩儿的马屁。

有一次，李隆基指着安禄山肥胖的大肚子问他，这大家伙里面装了些什么货色？安禄山严肃地回答道："除了对皇帝的赤胆忠心，没有其他的东西。"

安禄山出手极为大方，从他的驻地到都城的路上，献俘虏、献奇珍异宝与向京城权贵送礼行贿的人一年四季不绝于途，很多人都在皇帝面前为他说好话。他跳的胡舞，也在浪漫的帝国都城掀起经久不息的波澜。

当时，社会上流行认干亲。李隆基想让安禄山与杨贵妃的叔伯堂表们结成兄弟，安禄山不干，他请求认杨贵妃做干妈。想想看，一个45岁的大胖男人满脸天真地要做一个29岁美貌女子的干儿子，是不是有点令人起鸡皮疙瘩？可是，李隆基很高兴，杨贵妃很高兴，安禄山更高兴。因为,他换来了皇帝颁发给他的享有免死特权的铁券丹书,这是当时的臣民中,没有人得到过的荣誉和宠信。皇帝在诏书中,将这个憨乎乎的大胖子比喻成了镇守边疆的万里长城,称赞他的赤胆忠心胜过诸葛亮。读了这篇诏书之后,再回过头来翻检开元、天宝、唐明皇、杨贵妃乃至安史之乱的故事,会产生一种极度的不真实感,感叹人性何以竟会如此。

此后,安禄山凡是觐见李隆基与杨贵妃时,都不按君臣的礼节,而是先拜贵妃再拜皇帝。他解释说,按照胡人的风俗,就是要先拜母亲后拜父亲。这些马屁拍得水平极高,怎么看怎么都透出了一股可人疼的机灵劲儿。

据说,杨贵妃曾经用绫罗绸缎做了一个巨大的襁褓,把这位大胖男人包起来玩耍,还为他行洗儿礼,一洗洗了三天三夜。李隆基不但不吃醋,还咧着嘴笑嘻嘻地赏赐他们"洗儿钱"。到最后,安禄山可以不受限制地出入后宫,或与贵妃对食,或通宵不出。一时间,丑闻四起,李隆基浑然不以为意。

当时,天下十大边镇节度使中,安禄山一个人兼了三个,其防区从辽宁的朝阳到北京一线,再连接到山西的太原。全国49万边防军,他一个人指挥了近20万,占全国的40%。大半个中国北方捏在了他的手里。

好像担心他造起反来力量不够似的,李隆基又下令让他做全国军马的总管。在没有摩托化部队的冷兵器时代，马匹是军力强大与否的最重要标志之一。结果，安禄山将全国最好的军马几乎全部调到了自己的手上。

据说，安禄山起兵叛乱时，李隆基无论如何也不相信。由于毫无思想准备，大唐军队从兵器库中取出的盔甲刀枪，已经全部腐烂锈蚀，根本不能使用，以致于仓促组织起来的平叛部队，只能手持木棍开赴前线。

这次叛乱持续8年，史称"安史之乱"。

从此，辉煌灿烂的大唐帝国如同患上了恶性肿瘤，日渐走向衰亡，那些手握重权的各路节度使们，成为到处转移扩散的癌细胞。当时，节度使总揽一个大行政区的行政、军政和财政权,下辖两三个州到十几个州不等,各州刺史都是其下属。到赵匡胤的时代,许多节度使已经世袭,他们以自己特有的割据、叛乱、相互攻伐、敲骨吸髓般的敲诈盘剥,为害中国至少200余年。

赵匡胤采用赎买政策,将节度使们曾经拥有的大权逐渐融解掉。最后,使曾经炙手可热的节度使,变成了一个只代表崇高地位和待遇的荣誉性头衔,用来奖励和安置那些皇亲贵戚、文武大员。由此,实现了帝国权力结构中意义特别深远的转变。

这就是杯酒释兵权的大体过程、由来与背景。据丁则良先生考证这个故事未必为真,但它经久流传,因为该故事特别典型地代表了赵匡胤的风格。其人一生行事,大抵如此。

五、宋代的制度设计

应该说赵匡胤是一个非常大气的政治家。这种大气建立在他对人情世故烂熟于心、对宏观大势与人的微观心理都具有极强的洞察力上,因而显出一种特别富有人性魅力、在中国人中极其罕见的王者风范。这种王者风范,是一种恢宏大度的行为方式和气质,不做作,很本色,有人的味道。这种东西,只在具有正常、健康,还要超凡脱俗的身、心、才智的培养基上,才能培植、发育出来。因此，翻检史书，在中国历朝历代的记录里，即便不是绝无仅有，至少也是难得一见。这和古今中外历史上常见的，将龌龊的内容隐藏在神圣的名义之下，通过阴谋的方式凶残地表现出来的所谓"雄才大略"，是完全不同的两回事儿。比秦始皇嬴政、汉高祖刘邦、汉武帝刘彻、明太祖朱元璋、明成祖朱棣这几位号称雄才大略的角色要高明得太多了，甚至与政治完人唐太宗李世民比较起来，也不遑多让，或许还要出色几分。

　　但是，仅仅这些还远远不够，远远不足以说明好汉赵匡胤对"卧榻"热爱的程度和由此产生的激情。他走得比这些可要远得多了。

在政治上，赵匡胤实行了"三权分立"的制度，将过去世代由宰相统筹负责的行政、军政、财政三大权力剥离开，使中央政府由互不统属的三大部分构成：管理政事的中书省、管理军事的枢密院和管理财政的三司。

中书省就是政事堂，为中央最高行政机关，宰相为其首长，官衔叫同平章事，行使宰相的职能；参知政事相当于副宰相，意思是与宰相同议政事。

枢密院是最高军事机构，其最高首长为枢密使或知枢密院事，也设有副职，称为枢密副使或同知枢密院事。

中书省与枢密院对持文武二柄，号称二府，其中，中书省又称政府、东府，枢密院又称枢府、西府。枢密使与宰相的地位相当，号称执政，互不统属，互不通气，各成体系，各自对皇帝负责。后世所谓"宰执"一词，就是由此——宰相与执政——简化而来。

财政大权则由三司执掌，其最高首长为三司使，号称"计相"。下设盐铁、户部、度支三部，是仅次于二府的中央权力机关，其首长同样直接对皇帝负责。

不知道出于什么考虑，赵匡胤还设立了两个职权、级别、地位、任务完全一样的监察、舆论机构，就是御史台和谏院。御史台的首长是御史中丞，谏院的首长是知谏院，大约相当于今天的监察部部长。其职责勉强可以类比为今天的监察部、中纪委和中央新闻单位的内参部门混合在一起。但是,需要了解的是,这两个部门的威权极重,经常是由那些学术、才能、品行都很出众的人物出任其职位。他们控制了监察与言路,气势非凡。锋芒所向,经常可以将宰相等高官拉下马,是帝国政治舞台上极其重要的一支力量。一个推测是,之所以设立两个并行的机构,是为了防止有可能的同流合污。

赵匡胤时代,宰相的地位发生了不小的变化。赵匡胤除了在权限制度上消减宰相的权力之外,在礼仪体制上也刻意予以打压。为此,总体上行事相当大度的赵匡胤,还很小气地耍过一个小花样。

秦汉时期，宰相地位极为崇高。拜相时，皇帝要施以大礼，因此才有"拜相"一说。在朝廷上，宰相有时甚至与皇帝一起接受百官的叩拜；皇帝如果在街上遇见宰相，双方必须下车相互施礼；宰相生病时，皇帝必须到相府探视；等等。隋唐时代，宰相的身份没有那么尊贵了，但是仍然可以面对面地坐在皇帝面前，品着香茗，商讨政事，轻松而且从容，于是有"坐而论道"一说。到了赵匡胤时代，看到宰相们坐在他面前，他心里就开始不舒服。于是，有一天，他招呼宰相们："我眼睛昏花，看不清楚，你们把奏折拿到我面前来。"几个宰相不知是计，便走上前来，结果，事先安排好的内侍们趁机撤掉了宰相们的椅子，从此，宰相们就只能站着侍候了，遂成为制度。那一年，赵匡胤大约35岁，眼睛昏花显然只是个小把戏而已。后来，到了明太祖朱元璋及其以后的时代，"宰相们"就必须跪着侍候了。从此，除了爹娘，再也没有人可以站在皇帝面前。中国人也活得空前委琐了。当然，这些已经是后话。

　　为了防止各级官员们培养起离心离德的力量，赵匡胤在干部制度上实行了官、职、差遣三相分立的制度。这是一套真正奇异而又复杂无比的干部制度。简单说，就是上至宰相，下到相当于县里科级干部的主簿，一般都不担任与官职名称相符的职务。换句话说，就是本部门的官员并不一定管理本部门的事务。于是——

官，只是用来确定品秩即官位高低、俸禄即收入多少、章服即官员礼仪服饰、序迁即晋升的阶级等，因此，叫作"寄禄官"或阶官。

职，则是一种加官，如大学士、学士等等，代表了一种荣誉，并不意味着担任相应的馆阁职位，因此，叫作"贴职"。

差遣，只有差遣，才是官员们所担任的实际职务，代表了真正的实际权力与责任，因此，叫作"职事官"。

如中书令是中书省的最高长官，但是拥有这一官称的人只意味着拥有宰相的资格和可以领取宰相的俸禄，并不意味着他真的就是宰相了。只有皇帝差遣他为同中书门下平章事时,他才能算是实际的宰相。这种绕山绕水的干部制度,常常会使我们在碰到大宋帝国的官职称谓时,一头雾水,完全找不到北。比如,尚书右仆射兼中书侍郎判中书省事这个称谓,实际表示的是真正的宰相。但在字面上,它的意思是:尚书省副首长兼中书省副首长,然后代理中书省首长。用今天的官制比喻就是:教育部部长并不能实际过问教育部的事务,必须由商业部的副部长兼任教育部副部长,然后再代理教育部部长。只有在这时,他才能算是真正的教育部部长了。

据说,太祖赵匡胤设计这么一套制度的本意,就是要让各级、各类、各地的官员们统统找不到北,甚至不知道自己究竟是谁。不管你是多高的官、拥有多荣耀的职，只有当皇帝的差遣下来了，才能够明白自己是什么东西。致使所有的人对于自己未来可能履行的实际职务都是一片茫然。加上任职时间上，文官只有3年、武官则为4年的限制，造成"名若不正，任若不久"的现象和感觉，每个人都觉得自己只是个临时工而已。从而，在客观上增加了大宋帝国官员们利用职权，在一个地区、一个部门、一个系统中培植自己势力的难度；主观上，也在一定程度上降低了这种可能性。于是，自然难以危害朝廷。

  青州北海县升格为北海军后，杨光美被派去担任知军。此人在任期间为政清廉，官声极佳，深受百姓爱戴。

3年任期满后被朝廷召回，北海军数百名百姓来到京城请愿，要求留杨光美继续担任北海地方长官。赵匡胤不允许，下诏令百姓离去，百姓不肯。于是，赵匡胤下令"笞其为首者"，就是下令鞭打领头的人，结果，把一件喜事活活变成了丧事。可见，赵匡胤对此限制之严。而且，后来他还下令，地方官任期满后，当地百姓不得上朝廷请求地方官留任。

这套干部制度的真正利弊之处，在短时间里很难看出来。一眼看上去，它对于把权力集中到皇帝手中、加大中央集权的力度，肯定是毋庸置疑的。赵匡胤求仁得仁，这正是他想要的东西。

但是，另一方面，在未来的岁月

里，这套东西与其他的因素相结合，不停地同时在几个领域里演化，最后，终于在各种社会因素的交互作用之下，孕育出了一些或者特别奇妙，或者特别怪异的果实。这可能就远远超出赵匡胤的预料了。

譬如，我们完全可以想象，为了适应这套官制的运行，势必会有一些人有官、有职而没有差遣。随着一年年加入官场的新鲜血液的增多，这些闲官的数量将会越来越多，由此生出的一个怪胎就是相当困扰帝国的"冗官"问题。

这套制度与其他因素结合后的另外一个衍生物则极其美妙。

此时，一个宏观因素可能在这个交互作用中发挥了极大的影响。

当时，正值中国社会的一个巨大转型时期行将完成，这一转型时期从盛唐开始，到赵匡胤的北宋前期结束。从此，中国社会由门阀世族占据主导地位，变成世俗地主成为国家的中坚力量。

南北朝时期，萧衍当上皇帝时，曾经放出狂语："我自应天从人，何予天下士大夫事？"意思是：我当皇帝是天命所归人心所向，关天下士大夫们屁事？可见，那时改朝换代，仅仅是大门阀贵族的事情。经过武则天时代，特别是进入晚唐和不久的五代十国以后，门阀贵族们的高贵家世，恰好成为割据者和叛乱者们敲诈勒索、荼毒杀掠的对象。经过长期战乱，到北宋前期，那些尊贵的传统世家几乎被消灭殆尽。因此，北宋必须通过科举制度大量开科取士，才能获得治理国家的有用之材。这使科举制度迅速完善并且规范，成为国家选拔人才的最重要途径。有唐一代，宰相绝大多数出自门阀世家。到北宋时期，从赵普开始，"白衣卿相"大比例增多。布衣寒士、平民百姓通过科举一途大量涌进官场，从而彻底改变了自己的命运。时代再也不是仅仅与豪门贵族有关了，地主、商人、市民阶级在茁壮成长。一幅《清明上河图》，把这个新兴的社会描画得清清楚楚。赵匡胤无心插柳柳成荫，用自己完全基于"卧榻"情结的设计，明显加快了这个社会的巨大转型。于是，我们知道，现在人们喜欢说的一句话叫作"天下兴亡，匹夫有责"，或者叫"位卑未敢忘忧国"。国家兴衰成了关乎天下士大夫的事情。

这个大背景，可能是我们理解宋代社会高度发达的经济文化，还有市井或者市民文化的重要线索。而赵匡胤设计的制度，相当严丝合缝地适应了时代的发展，从而，成为一种强力催化剂，催生和促进了这个社会的发育。

或许和赵匡胤仗义疏财的个性有关，或者和他的赎买政策有关，北宋帝国的官员，尤其是中、高级官员的俸禄收入，可能是中国历史上各个朝代里最为丰厚的。据说，与明朝官员比较起来，其官员正式的平均收入可能会高出几倍。正如我们所知道的，帝国官员们的收入是以官、职确定的,没有获得差遣对于收入的影响不是特别大。获得差遣的职事官,也只有那些放外任的才多增加了一些"岗位津贴"而已。

因此,经过长期积累和交互作用,产生了至少两个方面的直接结果:

一方面,造成了北宋时期庞大的、只拿钱不干活儿的冗官队伍。有史料说,在当时庞大的官僚队伍中,"居其官不知其职者,十常七八"。

另一方面,这些已经跻身官僚阶层的士大夫们,既有钱又有闲,数量相当庞大,肯定是帝国文化素养、消费能力和时尚方面创造力最高的那一部分。于是,他们以自己的存在,全方位地促进了整个社会经济文化的繁荣与发展。

任何对此抱有疑义的人士，不妨在晚唐、五代十国与北宋年间的文化艺术长廊里徜徉一番，陶醉之余或有心得。

也就是说，帝国的官制成为有宋一代经济文化繁荣的巨大培养基之一。

与政治制度的设计比较起来，赵匡胤所设计的军事制度，对大宋帝国的影响同样既深且巨。

这套制度的核心理念在于防止武将拥兵自重，尾大不掉。其具体做法是将与军队有关的权力分解为三大部分：第一部分为调兵权，归枢密院掌管。大凡有事，需要进行军事调动时，枢密院经皇帝核准后，可以发兵符调兵。第二部分为管兵权，归三衙掌管。举凡军队的日常管理、训练等，由这三个军队系统的衙门负责。第三部分为统兵权，由皇帝临时指派将领，统兵实施军事行动。军事行动结束后，将领交出部队，调回其他单位。部队则返回各自营区。

这种设计，完全符合相互制约与平衡的精神，使任何一个军队将领如果想要拥兵自重的话，即便不是不可能，也是极其困难，他需要克服的障碍实在太多了。从此，除了南宋初年之外，赵家天子完全可以不必担心黄袍加身式的兵变了。但是，另一方面，如此错综复杂的管理指挥体系，运转起来滞重缓慢无比，没有什么效率可言。更加严重的是，这种故意造成的"兵无常帅，帅无常师""兵不习将，将不知兵"，也使部队的凝聚力和团队精神无从谈起。不但无法形成强大战斗力,就连承受大的打击都困难。

这还不算完。大约是五代十国时期的武将们给人留下的印象实在太恶劣的缘故,或者是他们拥戴赵匡胤当皇帝给人留下的印象太深刻的缘故,大宋帝国开国不久就实行了彻底的以文制武政策。这个政策的核心思想,是将所有武人全部假设成潜在的坏蛋,然后,不许他们担任军事工作的一把手,他们必须在文职官员的领导下工作。因此,终北宋一朝,枢密院的一把手只在很短的时间里曾经由武官出任,其余时间全部由文臣甚至宦官掌控。各级部队的统帅,也由文职人员或者宦官担任。职业军人即武将，则必须在文官的节制下指挥军事行动，哪怕在战术单位，也是如此。

这种明显乖张的做法，事实上令文职人员与职业军人同时受到了伤害，而受伤害最大的则毫无疑问是帝国及其军队。我们知道，真理只要再向前走一步，就会变成谬误。在这一点上，赵家天子走得太远、太过了。

在未来的岁月里，我们还将会看到，上述因素和太祖制定的募兵制度相结合之后，是如何导致帝国军队疲软不振的。

了解了这些情况，我们就会比较容易理解，为什么帝国军队在对抗外部挑战时，动不动就溃不成军了。

六、"郁郁乎文哉"的宋帝国

与以文制武政策相辅相成、相映成趣的,则是偃武修文、倡导文教的基本国策。出身纯粹为赳赳武夫的赵匡胤,却开创了中国历史上文化发展最为辉煌的顶峰时代,与他制定的这些基本国策显然是分不开的。

当上皇帝后,武将出身的赵匡胤采用了许多手段笼络武将,但内心深处,他对武将们却十分警惕,甚至厌恶。有一次,在回顾了五代十国的军阀混战之后,他十分感慨地对赵普说:"选择一百个文官派到全国各地去当地方大吏,哪怕他们全部变成贪官污吏,都赶不上一个武将可能带来的祸害。"

在中国历代的皇帝里,赵匡胤应该算是比较喜欢读书并且大力提倡尊重读书人的一类。据说,他平时沉默寡言,酷嗜观书,哪怕行军打仗的间歇里都手不释卷。只要听说民间有奇书,常常不惜千金求购。有一次,跟随周世宗柴荣攻打淮南,有人私下里到柴荣那儿告状,说赵匡胤打下寿州时,私运极重的财货,达数车之多。柴荣半信半疑,派人去查看,结果发现所有箱子里全部是书籍。柴荣大为不解,问他:"你刚刚担任高级职务,不好好收拾甲兵舞枪弄棒，要这么多书干什么？"赵匡胤顿首道："皇上重用我，我常恨自己没有奇谋襄赞皇上。看书就是想找到这方面的智虑见闻。"

当时，被挤在军阀割据夹缝里的文人学士，处境极为艰难。有一位很有名的学者名叫张式，被彰义节度使张彦泽不由分说聘请为掌书记，负责他的奏章文件。张彦泽凶残苛暴，有一次上书朝廷，要求朝廷杀掉自己的儿子。张式不肯为他写这封奏章，并劝阻他不要这么干。谁知张彦泽拉弓就要射死张式，张式只好出逃。后来，张式逃到朝廷请求庇护。张彦泽知道后，向朝廷索要张式，并声称，如果得不到张式，将会有不可测之祸。朝廷居然就将张式交给了这个军阀。结果，张彦泽对张式采用了剖心、决口、断手足的刑罚，最后杀死。

据说，五代十国时期，类似的事例不少。于是，时人记载说，士子生于斯者，经常要为如何保全身家性命而烦恼。因此，才会有如此众多的北方文人士子，为了避祸，千山万水远逃四川和江南地区。

如今，赵匡胤偃武修文，倡导文教，尊重读书人，甚至以文制武，理所当然地受到了社会各个阶层的广泛拥戴，使人们相信，国家真正是要进入太平盛世了。

赵普"半部《论语》治天下"的故事相当有名，据说，也是赵匡胤逼这位宰相读书逼出来的。

赵匡胤有一柄"柱斧"从不离手。那是一个象牙柄水晶头的斧头,很名贵,打起人来也很疼。据说,他发怒时就是用这把柱斧打人,而且越是对亲近的人打得越狠,也就越疼,就是为了让人长记性。

公元967年,当时是宋太祖的乾德五年。这一年,费了不少气力,终于平息了蜀中之乱,朝野上下松了一口气。然而,有一天却发生了一个惹人耻笑的大笑话,使宰相赵普差一点挨皇帝赵匡胤的柱斧揍。

当时,君臣几个人不知道为什么谈起了年号来,赵匡胤对"乾德"这个年号相当得意,认为是一个古来无有的好年号。赵普跟着拍马屁，列举了几年来不少好事，然后归功于赵匡胤改的这个年号。

谁知，旁边站着一位名叫卢多逊的翰林学士，极有学问，而且死活看不上赵普。他等赵普特别起劲地拍完马屁后，不动声色地说了一句："可惜，乾德是伪蜀用过的年号。"

皇帝大吃一惊，马上命人去查，结果真是前蜀的年号，而且是亡国的年号。这一下赵匡胤的羞惭恼怒可想而知。想起赵普这厮身为宰相，却不读书不看报，让自己在天下臣民面前出了这么大的一个洋相，真是可恶万分。

皇帝阴沉着脸在那儿运气，坐了半天，实在还是压不住心头的怒火，便招手叫道:"赵普过来。"

赵普以为要挨那柱斧的揍了,又不敢违抗命令,就战战兢兢地走向御案前,只见皇帝拿起御笔,蘸饱了黑墨,在赵普脸上就是一阵乱写乱画,弄得他满脸满身都是黑墨。一边涂,皇帝还一边骂:"你不学无术,怎么比得上卢多逊?"有一种说法认为,赵匡胤就是在这一次,说出了他的另外一句名言:宰相要用读书人。

赵普虽然受此奇耻大辱,但整整一个晚上都不敢洗掉,直到第二天上朝。

从此,大宋宰相赵普开始发奋读书。他有一个大书匣,不许别人动。人们只是看到他每天从里面拿出一本书来读,但是谁也不知道是什么书。等到这位宰相死后，人们打开书匣，发现里面只有《论语》的前半部分。从此以后，赵普以"半部《论语》治天下"的故事就传遍天下了。

皇帝重用读书人，经常喜欢用一段至理名言来告诫周围的武将："天下可以在马上得之，却不能骑在马上治之，更不能躺在马上守之。"这对于军人和武将们震动不小。此时，武将和文臣之间的关系发生了很大的转换，现在，双方相见时，文臣已经不需要低眉拱手，一般是由武将们恭恭敬敬地唱个肥喏，先致问候。一个经常可以看到的情形是，军人"见大臣必执梃趋庭，肃揖而退"。

新科状元登科后，披金挂彩地骑

在高头大马上满京城游街炫耀。届时,整个帝国都城举城若狂,就像瞻仰文曲星下凡似的,所有美丽的少女都在心中梦想着与他结为连理。当时就曾经有人说,这些书生们的风光,甚至超过统兵10万、踏破敌国的大将军。这一切,是在大宋帝国初年开始成为习俗的。皇帝赐闻喜宴请新科进士们喝酒,也是同样在此期间形成的惯例。科举考试在这个时代代表着绝对的进步、平等与文明,为千千万万没有家世背景的莘莘学子打开了改变命运的大门。

读书和读书人如此受人敬重,以至于目不识丁的大将军也要奋起直追。

党进是赵匡胤的一位亲信武将。他不识字,甚至经常搞不清楚自己所统率部队的各种数字。太祖有时问到他,他每每会把幕僚们写在手板(一种类似文臣们上朝时捧着的笏)上的数字,举起来给赵匡胤看。他被派到高阳戍边时,按规矩,赴任前要到朝堂向皇帝致辞告别。太祖体谅他不识字,豁免了他的告别致辞。

谁知,他坚决不同意。幕僚们只好将致辞写在手板上,并教他背熟。

届时,党进跪拜如仪,然后,抱着手板跪在那儿,准备致辞。谁知,紧张之下,他把明明已经背熟的致辞全数忘光,跪在赵匡胤面前很长时间一言不发。最后,他突然抬起头来,看着赵匡胤,大声说:"臣闻上古民风淳朴,请陛下多多保重。"这两句完全不相干的致辞一出,殿堂上的在场者无不掩口,"几至失容"。事后,人们问他:"为什么要说出这么两句来?"他回答说:"我早就看那帮措大(当时骂人穷酸的俚语)们喜欢在皇帝面前掉书袋,我也掉几句给他们看看,让皇帝知道知道,我也读书来着。"

"太祖勒石,锁置殿中,使嗣君即位,入而跪读,其约有三……"在中国所有世代里,只有宋太祖赵匡胤,以至高无上的开国皇帝之尊,给自己的子孙留下了这样的誓约:

1.保全柴氏子孙,不得因有罪加刑。

2.不得杀士大夫及上书言事之人。

3.不加农田之赋。

誓约中，严重地警告说，子孙不得背弃上述誓言，否则不祥，将遭天谴。

在5000年华夏文明史中，这是唯一出自皇帝之手、带有人性光辉的誓约。其意图，在于约束自己的子孙不要作恶。据说，这块刻着誓约的石碑，置于太庙寝殿的夹室内，封闭甚严。新天子继位时，朝拜完太庙，必须礼启后，跪着默诵誓词。届时，只有一个不识字的内侍跟随，其他人只能远远恭候。因此，除了历任皇帝，没有人知道誓约的内容。公元1127年，靖康之变，宫门全部被打开，人们才一睹其神秘容颜。据说，该石碑高七八尺，阔四尺余。碑文乃大宋帝国的祖宗家法，世世传承。

想想汉高祖刘邦"不要封异姓

王"之类的誓约,想想我们听到的许多皇家"祖宗家法",但凡得势就翻脸无情、对政敌必欲斩草除根而后快的狠毒,实在令人感慨系之。

坦率说,笔者沉溺于故纸堆的时日不算短了,每日和历史上的仁人志士、昏君奸臣、金戈铁马、血雨腥风之类相伴,很难有什么激荡起伏。奇怪的是,当读到赵匡胤的这份誓约时,竟然情不自禁地潸然泪下。想想实在惆怅,即便是有这样一份誓约的约束,这个朝代还是酿成了中国历史上的第一大冤案。而且,就在出现了这样誓约之后的千百年漫长的封建社会岁月里,中国人绝大多数时日的生活甚至还远远不如出现这份誓约的当时。这才是中国人真正的惨痛所在。此是后话，打住吧。

赵匡胤的文治武功，其概要大抵如斯。

在他攻城略地之后，制定了这些政策制度、祖宗家法，大宋帝国的"郁郁乎文哉"就是在此基础上成长起来的。

在那个时代，中国人发明了活字印刷术，开始使用指南针，大规模应用火药。

在那个时代，世界最繁华最发达的十大城市里，至少有5个在中国。

在那个时代，帝国汝、定、钧、哥瓷器，从当时到现在，都是全世界的珍宝。

在那个时代,只有通过中国的贸易船队,世界才知道原来海船可以这样造,原来航海可以不迷航。那时,世界许多国家还在刀耕火种,许多欧洲的君主从生下来以后就再也没有洗过澡。穿上来自中国的丝绸,是他们崇高的荣耀。

在那个时代,我们已经有了第一所私立大学,其中最大的一所私立大学的学生人数曾经达到过万人以上。

在那个时代,曾经产生了比任何时代都多的一连串响亮名字,口口相传了上千年,直到今天。他们肯定还会在我们的子孙那儿继续传下去。他们是:寇准、包公、杨家将、狄青、范仲淹、欧阳修、王安石、柳永、苏东坡、司马光、秦观、黄庭坚、宗泽、李刚、岳飞、韩世忠、梁红玉、李清照、陆游、辛弃疾、文天祥，还有及时雨宋公明、打虎英雄武松、花和尚鲁智深，还有李师师，甚至还有秦桧……

我们是他们的子孙，我们的身上流淌着他们的鲜血。

他们生活的那个时代是中国经济、文化达到巅峰的时代，是中国在全世界最文明、最富裕、最发达的时代。

这就是最值得中国人骄傲，也最应该令中国人痛心的——大宋帝国。这一切，可能都与它的开国皇帝、好汉赵匡胤的那个"卧榻"情结有关。

参考书目

1. [元]脱脱等撰:《宋史》,中华书局,1997年版。

2. 毛元佑、雷家宏著:《宋帝列传·宋太祖》,吉林文史出版社,1996年版。

3. [宋]薛居正等撰:《旧五代史》,中华书局,1976年版。

4. [清]毕沅编著:《续资治通鉴》,上海古籍出版社,1987年版。

5. [明]陈邦瞻编:《宋史纪事本

末》，中华书局，1977年版。

6. ［宋］欧阳修撰，徐无党注：《新五代史》，中华书局，1986年版。

7. 谭其骧主编：《中国历史地图集》，中国地图出版社，1996年版。

8. 张家驹：《赵匡胤传》，江苏人民出版社，1959年版。

9. ［宋］欧阳修、宋祁撰：《新唐书》，中华书局，1975年版。

10. ［宋］李焘撰，上海师范学院古籍整理研究室、上海师范大学古籍整理研究室点校：《续资治通鉴长编》，中华书局，1980年版。

11. ［宋］司马光等撰：《资治通鉴》，中华书局，2007年版。

12. 柏杨：《中国人史纲》，同心

出版社,2005年版。

13.[宋]汪藻:《浮溪集》,四部丛刊初编缩本,商务印书馆缩印武英殿聚珍版本。

14.[清]王夫之:《宋论》,中华书局,1964年版。

出版说明

"新编历史小丛书"承自20世纪60年代吴晗策划的"中国历史小丛书",其中不少名家名作已经是垂之经典的作品,一些措辞亦有写作伊初的时代特征。为了保持其原有版本风貌,再版过程中不做现代汉语的规范化统一。读者阅读时亦可从中体会到语言变化的规律。

"新编历史小丛书"编委会

图书在版编目（CIP）数据

宋太祖 / 李亚平著 . — 北京：北京人民出版社，2022.6（2024.4 重印）
（新编历史小丛书）
ISBN 978-7-5300-0499-9

Ⅰ. ①宋… Ⅱ. ①李… Ⅲ.①赵匡胤（927—976）—传记 Ⅳ. ①K827=441

中国版本图书馆 CIP 数据核字（2020）第 071285 号

责任编辑　王铁英　陈　平
责任印制　陈冬梅

新编历史小丛书

宋太祖
SONG TAIZU

李亚平　著

出　　版	北京出版集团
	北京人民出版社
地　　址	北京北三环中路 6 号
邮　　编	100120
网　　址	www.bph.com.cn
总 发 行	北京出版集团
印　　刷	北京汇瑞嘉合文化发展有限公司
经　　销	新华书店
开　　本	880 毫米 ×1230 毫米　1/32
印　　张	3.5
字　　数	28 千字
版　　次	2022 年 6 月第 1 版
印　　次	2024 年 4 月第 3 次印刷
书　　号	ISBN 978-7-5300-0499-9
定　　价	24.80 元

如有印装质量问题，由本社负责调换
质量监督电话　010-58572393